# VIVRE LIBRE OU MOURIR.

# ADRESSE

## DE LA SOCIÉTÉ

## DES AMIS DE LA CONSTITUTION,

### ÉTABLIE A RENNES.

## MESSIEURS,

IMPATIENS avec toute la France, de voir arriver le moment où nos sages Législateurs s'occuperoient enfin de l'organisation des Gardes Nationales, nous avons applaudi à la première nouvelle du Rapport fait sur cet important objet, par les Comités de Constitution et Militaires réunis; mais nous ne pouvons vous dissimuler l'inquiétude, ou plutôt l'alarme générale qu'un examen approfondi de ce Rapport a jeté parmi tous les Citoyens de la ville de Rennes, et surtout dans la Société des Amis de la Constitution. Convaincus que la Garde Nationale est la plus forte base sur laquelle repose le système de la liberté, nous nous étions flattés que le plan de son organisation alloit donner une vie nouvelle à un Corps que l'Assemblée Nationale a comblé tant de fois des plus justes éloges. Quelle a été notre surprise, lorsque dans ce projet, d'ailleurs si séduisant, nous avons remarqué des dispositions particulières, qui ne peuvent tendre qu'à détruire la force qu'il s'agit d'organiser !

Voici ce que nous lisons dans le Rapport des Comités réunis : « Citoyens sans armes, » quand la Société est tranquille ; Citoyens » armés, quand la Société est en péril ; » vous prenez les armes, quand vous êtes » requis ; vos armes reposent, quand l'objet » de la réquisition est rempli «. Et où ces armes reposeront - elles ? Sera-ce dans la maison de chaque Citoyen, qui, l'entre-tenant avec soin, se familiarisera de plus en plus avec ce gage de sa liberté ? Sera-ce dans des magasins communs, d'où elles ne pourront être tirées avec la promptitude et la facilité qu'exigent quelquefois des cir-constances imprévues ? Déjà, MESSIEURS, nous avons exprimé nos alarmes à ce sujet, dans notre Adresse à l'Assemblée Nationale, du premier Octobre , que nous vous avons envoyée.

Nous lisons dans le même Rapport, « qu'en exceptant la portion des Citoyens » mis en commission pour la défense de » la Patrie, l'état habituel des Gardes Na- » tionales n'est pas l'activité; car il seroit » inconséquent dans l'état ordinaire des » choses, que toute la Nation fut en mou- » vement «.

Nous convenons de ce principe : mais, ne pourroit-on pas réclamer pour des por- tions de la Garde Nationale mises alter- nativement en commission, le droit habi- tuel de veiller à la sureté publique inté- rieure, fonction qui, dans un temps donné, n'en tiendroit en activité qu'une partie fort peu nombreuse ?

Le Rapport annonce *qu'il ne faut pas déposer entre les mains de la Garde Na- tionale la force reprimante ou coercitive habituelle ; elle ne seroit appellée que dans les cas de besoin, lorsque la Maréchaussée et les Troupes de ligne ne suffiroient pas*

*pour réprimer les infractions aux Loix.*
D'où il résulte qu'elle seroit bornée à des
exercices d'une vaine parade. Et quel goût,
quel intérêt des Citoyens pourroient-ils
prendre à ces exercices, lorsqu'ils ver-
roient que leur zèle et leur courage dans
l'exécution des Loix, n'auroient plus d'oc-
casion réelle de se déployer? Ne seroient-
ils pas livrés au ridicule qu'on pourroit
jeter sur une Garde condamnée à une
entière et perpétuelle inaction?

On appréhende que toute *la Nation ne
soit en mouvement, qu'un état destiné à
être agricole et commerçant, ne devienne
conquérant et guerrier.* De pareilles crain-
tes sont-elles donc fondées? Un état plus
paisible succédera sans doute à la crise
salutaire où nous nous trouvons; mais
toujours les passions humaines, le choc
des intérêts particuliers produiront des
désordres au milieu des hommes rassem-
blés; et alors la force habituelle, extraite
de la force publique, et essentiellement
destinée à agir contre les perturbateurs,
doit-elle être autre chose qu'une portion
de cette Garde Nationale, qui a tant d'intérêt à conserver autour d'elle le calme et

( 5 )

la tranquillité ? Non, toute la Nation ne
sera point en mouvement. Le service n'exi-
gera alors qu'un très-petit nombre de Sen-
tinelles vigilantes, que les Municipalités
sauront bien diminuer ou augmenter, suivant la diversité des circonstances, et qu'elles proportionneront au besoin des temps
et des lieux. Le Citoyen portera les armes,
assez pour apprendre à s'en servir, et non
pas assez pour y trouver une occupation
habituelle ; un objet de goût qui l'éloigne
des travaux, qui réclament ses bras ou
ses talens. Si l'armée de ligne est *une portion des Citoyens, mise en commission
pour la défense de l'État*, dont le Corps
législatif règle le nombre, où seroit l'incon-
vénient, que la force habituelle pour le service intérieur, fut une portion de la Garde
Nationale, mise en commission pour assu-
rer le repos public, et dont le nombre en
chaque lieu seroit déterminé par la pru-
dence des Corps administratifs ? L'armée
de ligne est toujours et toute entière en
activité ; tous les individus qui la compo-
sent, sont soumis à des obligations journa-
lières : la Garde Nationale n'agit tous les
jours que par de foibles détachemens, de
foibles émanations d'elle-même, et dès-lors

disparoissent tous les dangers qu'on croit voir dans son activité.

Qu'on jete les yeux sur la Loi Martiale, article 4, sur le Décret du 2 Juin, concernant les précautions à prendre contre les Malfaiteurs, article 12, par-tout où il s'agit de déférer aux réquisitions, pour le rétablissement de l'ordre, les Gardes Nationales sont nommées les premières: elles sont donc les premières soumises à cette obligation. Le pas que l'Assemblée Nationale leur a accordé dans l'enceinte des Villes, ne seroit qu'un chimérique honneur, dont elles n'auroient qu'à rougir, si elles n'avoient l'avantage de se présenter aussi les premières, pour faire un service qu'elles sont bien loin de trouver onéreux.

Oui, MESSIEURS, désarmer la Garde Nationale, ne l'appeller au rétablissement de l'ordre intérieur, que dans les cas infiniment rares, ou la Maréchaussée et la Troupe de ligne seroient insuffisantes, lui donner une tactique particulière, combinée peut-être de manière à rendre moins redoutable cette Milice Citoyenne; c'est, nous ne craignons pas de le répéter, pro-

noncer sa destruction , lorsqu'on travaille
à l'organiser. Et croit-on que la liberté ,
fruit précieux de ses travaux , puisse long-
temps lui survivre ? Cette liberté pourra-
t-elle subsister, lorsqu'elle ne reposera plus
que sous la garde d'une armée soumise à
un pouvoir essentiellement jaloux de s'éten-
dre ? Cette armée , composée aujourd'hui
de Soldats patriotes , se renouvelle tous
les jours. Eh ! qui nous répondra que sous
peu de temps ne lui aura pas succédé une
armée imbue d'autres principes ; persuadée
que « *Délibérer, hésiter, refuser, sont des*
» *crimes* (1); *qu'elle est un instrument*
» *aveugle et purement passif; qu'elle ne*
» *doit avoir ni ame , ni pensée* , ( Rapport,
» page 11); « c'est-à-dire toute prête à ser-

______________

(1) Où en serions-nous , si au mois de Juillet
1789 , l'Armée françoise n'eût pas DÉLIBÉRÉ, si elle
n'eût pas REFUSÉ d'étouffer dans le sang des Citoyens
le premier cri de la liberté naissante ? Sans doute
la force armée ne doit qu'obéir ; mais du moins
faut-il qu'elle ait UNE AME , UNE PENSÉE , pour con-
noître l'objet unique de son institution , pour ne
jamais perdre de vue l'utile direction qu'elle doit
toujours suivre : et dans le cas où l'on essaieroit de
la faire mouvoir dans une direction contraire ,
HÉSITER , DÉLIBÉRER , REFUSER , ne seroit point un
crime , mais un devoir.

vir au besoin les vues ambitieuses d'un despote? Que deviendra alors la liberté, s'il n'existe aucune force publique intérieure capable de la défendre; si la force qui l'a conquise, paralysée par une funeste inaction, se trouve dans l'impuissance d'agir? Que l'on consulte l'Histoire de tous les temps et de toutes les Nations, presque par-tout on verra la Troupe soldée, donnant des chaînes aux Peuples, élevant les trônes des tyrans (1).

---

(1) N'est-il pas au moins bien étonnant qu'on laisse entrevoir des inquiétudes sur l'existence et l'activité d'une force publique, toute composée de Citoyens connus, et essentiellement intéressés à la conservation de l'ordre et au maintien de la liberté ; tandis que l'on est dans la sécurité la plus parfaite à l'égard de ces Légions, INSTRUMENT AVEUGLE ET PASSIF du pouvoir qui leur commande, et à la discrétion desquelles le sort des Citoyens et la destinée de l'Etat se trouveront en quelque sorte exclusivement livrés. Telle n'étoit pas la politique des Romains si jaloux de leur liberté : tout le monde sait jusqu'à quel point ces fiers Républicains étoient attentifs à tenir leurs Légions éloignées de l'Italie, et de quel effroi ils étoient universellement saisis, lorsque abandonnant les extrémités de l'Empire, elles menaçoient de s'approcher de Rome.

*La France*, ajoute-t-on, *doit être cons-*
*tituée sur un état de paix, parce que la paix*
*est l'état naturel de la Société.* Mais une
Nation armée, est-elle pour cela une Nation en guerre ? Autant vaudroit dire que,
pour être en paix avec les Puissances étran-
gères, il faut licencier l'armée de ligne.
Qui ne voit pas au contraire que le seul
moyen de se préserver de toute aggression
tant au dehors qu'au dedans, c'est de se
tenir toujours, sous ce double Rapport,
dans un état imposant de défense? Qui ne
voit pas que le péril renaîtra à l'instant
même où l'on s'abandonnera à une fatale
sécurité ?

Le Sénat qui, à l'ombre de l'égide pro-
tectrice des Gardes Nationales, dicte des
Loix à la France ; qui par tant de Décrets,
a rendu hommage à l'importance de leurs
services, ne leur fera point l'affront de les
contraindre à déposer des armes, dont
elles ont fait un si noble usage; de confier
exclusivement à d'autres mains le soin de
défendre une liberté qui n'eût pas existé
sans leur généreux concours; de les anéan-
tir, après leur avoir assigné le premier rang.

La Société Patriotique de Rennes,
s'adresse à vous, Messieurs, avec la plus

grande confiance ; elle vous conjure au nom de la Patrie alarmée, au nom de la Liberté en péril, de réunir vos vœux et vos efforts pour que l'Assemblée Nationale, dans ses Décrets sur l'organisation de la force publique intérieure, énonce positivement,

1°. Que la Garde Nationale ne sera pas désarmée ;

2°. Que la Troupe de ligne ne sera appellée à rétablir la tranquillité intérieure, que supplétivement à la Garde Nationale ;

3°. Que celle-ci sera autorisée à continuer de faire le service journalier qui sera déterminé suivant les lieux et les temps par les Corps administratifs.

Nous sommes avec les sentimens de la plus inviolable fraternité,

LES MEMBRES DE LA SOCIÉTÉ
DES AMIS DE LA CONSTITUTION
ÉTABLIE A RENNES.

ROBINET, l'aîné, Président.
LE MERER,
DUNIS,      } Secrétaires.
DEVY, Prêtre.

A Rennes, le 12 Décembre,
l'an 2e. de la Liberté.

# EXTRAIT

*Des Délibérations du Conseil d'Adminis-
tration de la Garde Nationale de la
ville de Lille*, DÉPARTEMENT DU NORD.

SÉANCE DU 15 JANVIER 1791.

Lecture faite de la présente Adresse, le
Conseil a délibéré et arrêté qu'elle seroit
imprimée pour être communiquée à MM.
les Officiers et Volontaires de la Garde
Nationale de cette Ville; les priant de vou-
loir faire remettre au Bureau de ladite
Garde, en dedans huitaine, le résultat de
leurs décisions sur un objet aussi inté-
ressant.

*Il est ainsi,*

DELEVILLE, *Secrétaire.*